AF370063

DISCOURS

PRONONCÉ

A LA DISTRIBUTION DES PRIX

DU LYCÉE DE REIMS

Par M. MAYER, professeur de Rhétorique

LE MARDI 3 AOUT 1886

REIMS

IMPRIMERIE ET LITHOGRAPHIE DE *L'INDÉPENDANT RÉMOIS*

6, RUE HINCMAR, 6

1886

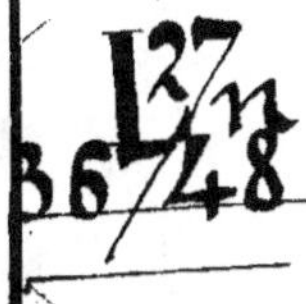

DISCOURS

PRONONCÉ

A LA DISTRIBUTION DES PRIX DU LYCÉE DE REIMS

Par M. MAYER, professeur de Rhétorique.

MES CHERS AMIS,

On médit assez volontiers aujourd'hui des discours de distribution des prix. Je le sais, et cependant j'estime encore que c'est là une des meilleures entre toutes les traditions universitaires. Au moment où nos travaux finissent, il est bon qu'un de vos maîtres cherche à dégager devant vous l'esprit de l'enseignement que vous avez reçu. Devant vos parents, venus avec empressement pour applaudir à vos succès, devant les représentants de l'État et de la cité, dont la présence ici chaque année prouve à quel point tout ce qui touche à la jeunesse intéresse la patrie entière, il est bon qu'un de nous expose dans quels sentiments nous vous élevons, par quelles leçons l'Université entend vous former, pour se rendre digne des espérances qui reposent sur elle et des sacrifices qui lui sont si libéralement consentis. Dans nos entretiens de chaque jour, nous n'abusons pas de la morale. Pour remplir notre tâche d'éducateurs, nous comptons, plus que sur des exhortations dogmatiques, sur cette influence, insensible mais sûre, que ne peuvent manquer d'exercer sur vos âmes tant de grands exemples et de sublimes chefs-d'œuvre; nous comptons sur ces habitudes salutaires, que doivent imprimer en vous la pratique régulière du travail et l'effort constant que nous vous demandons. Mais il n'est pas inutile, il me semble, qu'une fois au moins nous donnions à ce vague enseignement une forme plus directe et plus précise, et, ce que vos travaux de toute l'année ont dû vous apprendre, ce que tant d'auteurs vous ont dit, que nous vous le répétions ici sur un ton un peu plus solennel, au milieu de cet appareil pompeux, grâce auquel notre voix a chance de se graver plus profondément dans vos esprits.

Rassurez-vous toutefois : vous n'avez pas à redouter de moi un sermon. Prêcher n'est pas de mon âge, je n'ai garde de l'oublier ; et, quelque autorité que puissent donner à ma parole cette robe à laquelle vous n'êtes plus habitués et le Corps que je représente ici, je ne me crois pas en droit de vous faire entendre les conseils d'une trop jeune expérience. C'est un exemple encore que je voudrais vous proposer. Il y a quelque temps, préoccupé déjà (pourquoi ne l'avouerais-je pas ?) de choisir un sujet pour cet entretien, je fus amené à lire un livre qui me parut renfermer un haut et noble enseignement. Vous connaissez tous, mes amis, le grand écrivain français qui, ayant défini l'histoire une résurrection, a fait revivre lui-même la France entière et son histoire dans des tableaux éclatants de couleur et tout pénétrés de cette sympathie ardente qui fait comprendre l'âme des siècles disparus, en la faisant aimer. Mais vous ne savez pas sans doute après quelles épreuves, au prix de quelles souffrances et de quel énergique labeur Michelet était parvenu à dompter une fortune longtemps ennemie. C'est le récit de ces dures années d'apprentissage que ce livre contient ; ces simples mots, mis en tête de la première page : « A ceux qui veulent devenir des hommes » disent assez quel esprit l'anime. Or, en un temps où l'on se plaint sans cesse de l'affaiblissement des volontés, où de toutes parts on sent le besoin de préparer pour notre pays des hommes forts et vaillants, aurais-je pu trouver une meilleure leçon ? Intimement persuadé d'ailleurs qu'un des plus importants effets de notre éducation classique doit être moins encore de vous donner quelques connaissances, destinées peut-être à être bientôt effacées de vos esprits, que de développer toutes les énergies de votre âme, de vous habituer à vouloir et à lutter, j'ai cru que rien ne me conviendrait mieux en ce jour que de retracer devant les écoliers d'aujourd'hui les courageux efforts de cet écolier d'hier. Je le ferai, mes amis, aussi rapidement que possible, souhaitant seulement que vous ne me sachiez pas mauvais gré d'avoir un peu rompu avec les habitudes des orateurs que vous êtes accoutumés d'entendre en ce jour.

Jules Michelet était né le 21 août 1798. C'était une nature fine et nerveuse, d'une imagination prompte, d'une sensibilité délicate. Plus que tout autre, il aurait eu besoin, pour s'épanouir, des caresses de la fortune, des enchantements d'une vie heureuse et facile. Les révolutions avec leurs cruelles violences, de terribles malheurs publics, au foyer domestique une âpre misère, tels furent les premiers spectacles qui s'offrirent à cette âme si tendre, telles furent les premières impressions que reçut ce cœur si sensible.

Ses parents, venus depuis peu à Paris, y avaient établi une imprimerie. Mais le despotisme ombrageux qui s'efforçait d'entraver la pensée, menaçait sans cesse tous ceux qui la servaient. Les persécutions n'avaient pas tardé, et bientôt la famille de Michelet, presque isolée dans la grande ville, avait été réduite à traîner de quartier en quartier une pauvreté chaque jour plus profonde. Chaque jour, l'air et la lumière étaient plus parcimonieusement mesurés à cet enfant, impatient de s'ouvrir à la vie. Ses années s'écoulaient dans la tristesse, dans l'isolement, dans la rêverie. Déjà la lecture de quelques livres, la vue de quelques estampes, une visite au musée des monuments français lui avaient donné, comme dans un fugitif éclair, la révélation de l'histoire. Déjà il lui avait semblé voir se dresser devant lui ces grandes figures qu'il devait plus tard rappeler de l'ombre et de la mort. Mais le moment était bien éloigné encore, où il lui serait donné de répondre à ce secret appel de son génie. Il lui fallait d'abord aider ses parents dans leur dur labeur. Il apprit à imprimer. Pendant de longs mois, il travailla avec ardeur dans une cave qu'égayait à peine, vers midi, un pâle rayon de soleil. Pas une plainte cependant ne s'échappe de son cœur. Il faut voir, au contraire, avec quelle bonne grâce souriante il nous parle de ces jours de malheur, comme il nous peint par exemple cette prudente araignée, pendant longtemps sa seule compagne, qui de l'angle sombre du mur, se familiarisant peu à peu, se rapprochait pour jouir avec lui de ce peu de soleil. « Si différents, écrit-il dans sa langue chaude et vibrante, nous arrivions ensemble du travail nécessiteux et de la froide obscurité à ce doux banquet de la lumière. »

Cependant, il avait commencé à suivre les cours d'une modeste pension. Il ne put y faire de fortes études, mais il eut la fortune d'y rencontrer un ami.

Dans cette première liaison, trop tôt rompue par la
mort, il porta toute l'ardeur de son âme aimante. Ce
fut son premier bonheur, il en jouit délicieusement.
Les deux amis s'égaraient en de longues promenades,
et, dans les rêves auxquels ils s'abandonnaient,
oubliaient les malheurs présents. « Nous nous
sentions si pleins de vie et d'espérance, le ciel était
si pur alors, nous nous trouvions si bien ensemble,
que nous prolongions ces moments de bonheur le
plus qu'il nous était possible. » Ces conversations
enflammées, une fête en l'honneur de son maître
qu'il nous raconte longuement comme un de ses
rares souvenirs heureux, furent les seules éclaircies
de cette triste jeunesse. Tout, en effet, devenait sans
cesse plus sombre autour de lui. On était en 1812,
et les malheurs de cette année douloureuse furent
sentis plus vivement qu'ailleurs dans la famille de
Michelet. Ecoutez plutôt ces quelques mots, si
expressifs dans leur concise simplicité : « Au foyer,
faim et froid ; sur la tête, un dôme de plomb ; autour
de soi, la mort ; la France appauvrie ; dix-sept cent
mille Français restés en dix ans sur tous les champs
de bataille. » Mais ne croyez pas que l'espérance
l'abandonne, que le découragement le saisisse. Ah !
certes, il a souffert; il a souffert des maux qui le
frappaient lui-même, il a souffert des maux qu'il
voyait autour de lui ; et c'est sans doute dans ces
jours désolés qu'il sentit s'éveiller en son cœur cette
sympathie qui devait plus tard éclairer pour lui

l'âme sombre des peuples du moyen âge, jusque-là incompris de l'histoire. Mais, en apprenant à souffrir, il apprit aussi à vouloir. Il apprit à vouloir, non d'un vain désir envolé presqu'aussitôt que naissant, mais d'une volonté que la persévérance soutient, et que le travail réalise. « L'avenir, dit-il, — et je vous proposerais volontiers ces mots pour devise, — l'avenir n'est pas chose faite qu'il faille attendre, il faut savoir le créer soi-même. »

Tant d'efforts seraient pourtant demeurés inutiles si les parents de Michelet n'avaient eu, eux aussi, foi dans l'avenir, s'ils n'avaient eu foi dans ce jeune enfant, sur qui reposaient toutes leurs espérances, et foi dans l'instruction, seul instrument de toute grandeur et de tout progrès. Malgré leur misère profonde, ils décidèrent que leur fils étudierait. Michelet, bien jeune encore, avait cependant l'esprit assez mûr pour comprendre la grandeur de ce sacrifice. Si lourde que fût la dette qu'il contractait, déjà il sentait en lui assez de ressources et d'énergie pour pouvoir espérer de l'acquitter un jour, et il se jurait à lui-même de « répondre à un tel effort d'amour par quelque effort de réflexion et de volonté ». Il entra au Lycée. J'aimerais, si j'en avais le temps, à l'y suivre, et à vous présenter quelques-uns des écoliers auxquels il se trouve mêlé. Le portrait qu'il en trace n'est pas flatteur, je dois le dire ; il arrive assez souvent à la jeunesse d'être cruelle, sans le vouloir ; La Fontaine nous l'a fait observer.

Michelet eut beaucoup à souffrir de ses camarades, trop ignorants de la vie pour respecter en lui une timidité, bien naturelle après son enfance solitaire, une fierté sous laquelle il avait peine à cacher son dénuement. Il souffrit plus encore du peu de succès qui répondit à ses premiers efforts. Plus d'une fois, il lui arriva, devant une tâche trop lourde pour son inexpérience, de verser des larmes de rage, mais rien ne put l'abattre. Et c'est vraiment un beau et fortifiant spectacle que celui de cet enfant de seize ans, se dégageant à force de volonté de ce cercle de malheurs où il était enfermé, et triomphant de la misère qui l'accablait par une indestructible espérance. Le présent ne lui apportait que des privations ; l'avenir ne lui offrait que des sujets de crainte ; l'ennemi était à deux pas, et les malheurs de la patrie, dont il prenait déjà sa part, s'ajoutaient à ses maux de tous les instants ; lui cependant n'est pas ébranlé. « Un jour (ici, je lui laisse la parole), un jeudi matin, je me ramassai sur moi-même : sans feu (la neige couvrait tout), ne sachant pas trop si le pain viendrait le soir, tout semblant finir pour moi, j'eus en moi un pur sentiment stoïcien, je frappai de ma main crevée par le froid sur ma table de chêne et je sentis une joie virile de jeunesse et d'avenir. »

D'où lui vint tant de sérénité dans le malheur ? qui lui donna tant de force et de courage ? Lui-même a répondu sans hésiter : « Ceux avec qui je vivais alors, mes auteurs favoris, » ces éternels consolateurs vers qui il se sentait chaque jour plus attiré. — Vous ne vous étonnerez pas, mes amis, si j'insiste un peu sur ce point, heureux de placer sous cette grande autorité des conseils que nous vous répétons sans cesse. Michelet lut beaucoup et lut avec amour. Horace, Tibulle, Virgile surtout l'enchantèrent. A cet enfant, entouré de tant de misères, les poètes ouvrirent les consolations infinies du rêve ; ils donnèrent un aliment à cette vive et délicate sensibilité ; ils gardèrent bon et humain celui qu'auraient pu aigrir le sentiment de ses propres souffrances et la vue de tant de mal autour de lui. Ils firent plus encore, ils réchauffèrent de leur lumière celui qui s'étiolait dans l'ombre des rues étroites où la pauvreté le retenait. « Malgré mon incapacité musicale, nous dit Michelet, j'étais très sensible à l'harmonie majestueuse et royale du latin. Cette grande mélodie italique me rendait comme un rayon du soleil méridional. » C'est un témoignage trop précieux à recueillir, surtout aujourd'hui, pour que j'aie pu le négliger. Mais les poètes ont aussi leurs dangers, et il ne faudrait pas s'abandonner sans retour à leurs énervantes séductions. Qui devait le sentir mieux que ce vaillant ouvrier ? Qui l'a dit mieux que lui ? « Toute vie qui commence doit regarder du côté d'où vient l'aurore, ignorer le rêve, ce mal des âmes et des mondes qui finissent. » Il sut le comprendre et, à côté de ceux qui font l'homme doux, il donna une grande place à ceux qui font l'homme fort, à ceux qui lui apprennent à dominer la vie par l'action.

Le moment était venu d'ailleurs où il allait goûter la première joie du succès. Après tant de scènes désolées, le triste récit de cette pénible enfance s'éclaire enfin d'un rayon plus doux. On était au jour où les places sont solennellement proclamées dans la classe. « M. Anrieux, raconte Michelet (c'était son professeur), nomme le premier : c'était moi ! La secousse la plus violente de la machine électrique aurait moins fait : mes genoux fléchirent... Comment dire le transport avec lequel je courus à la maison ? Quoiqu'il fît très glissant, j'y volai d'une traite. Mille pensées de joie et d'espérance me soulevaient. J'entre et, sans rien dire, je leur montre ma croix ; les larmes vinrent aux yeux de mon père. Ma mère, depuis quelque temps alitée, ne fut pas moins émue. De ce jour, ils se tranquillisèrent sur mon avenir. » Ceux d'entre vous, mes amis, qui ont connu ce bonheur, l'ont peut-être oublié aujourd'hui ; mais leurs mères, à coup sûr, s'en souviennent. et c'est à elles surtout que je pensais en vous lisant ces quelques lignes, persuadé qu'elles ne seraient pas insensibles à cette naïve explosion d'une joie si longtemps attendue et si chèrement achetée.

J'arrêterai ici ce récit. Ce n'est pas que les épreuves soient terminées pour Michelet ; mais enfin la vie lui devient un peu moins dure, et le succès, désormais entrevu. redouble ses forces. Nous savons d'ailleurs

maintenant quelles ressources de vaillance possède
cette âme énergique, et nous pouvons prévoir qu'il
sera à la hauteur de tous les devoirs. Je tenais
surtout à vous le montrer dans ses années de jeunesse, à vous apprendre à quelle source il avait puisé
sa force et sa vigueur. J'ajouterai seulement qu'il les
conserva entières pendant toute sa vie. Il eut à
traverser encore bien des périodes douloureuses, où
l'on vit défaillir même de nobles courages. Il soutint
ceux qui chancelaient, et, sans être jamais abattu,
donna, jusqu'à son dernier jour, l'admirable exemple
d'une volonté inébranlable, d'une infatigable activité,
d'un cœur, à la fois tendre et ferme, épris d'amour
pour la justice, ému de sympathie pour tous les
faibles et tous les opprimés. Ce fut plus qu'un grand
artiste ; ce fut une des plus hautes natures morales
de notre temps.

Ai-je besoin maintenant, mes amis, de m'étendre
longuement sur la leçon que ce récit renferme pour
vous? Il me semble qu'il parle assez haut. Aujourd'hui
(vous l'avez, sans doute, entendu dire déjà), le
désenchantement de toutes choses paraît revenu à la
mode, et l'on s'oublie volontiers dans une vague et
molle rêverie. Michelet, par l'exemple de sa vie, vous
apprend que votre premier devoir est dans l'action et
le travail ; il vous montre qu'il n'est point d'épreuve
dont vous ne puissiez triompher, si vous savez
entretenir dans vos cœurs de viriles espérances,

si vous savez vous armer de persévérance et de
volonté pour les réaliser. Sans doute cette tristesse
qu'on dit devenue générale a bien des causes et
quelques-unes, peut-être, ne manquent pas de
noblesse : le pessimisme ne mérite pas que des
railleries ou des dédains. Ce n'en est pas moins un
mal contre lequel il faudra vous défendre. Or, où
pourriez-vous mieux qu'ici vous préparer à le faire ?
Nous ne cesserons de vous y exhorter, et tous les
travaux auxquels nous vous convions vous y aideront.
Livrez-vous donc avec confiance, avec foi à ces études
libérales que vous venez faire ici. Puisez abondamment
à toutes les sources ouvertes devant vous. Allez aux
poètes qui vous donneront le charme et la douceur,
et dont le parfum pénétrant embaumera à jamais le
livre de votre vie. Aujourd'hui plus que jamais, dans
notre siècle de science positive, il faut faire très
grande la part de la culture désintéressée, la part
de l'art. Mais, dans notre siècle de lutte, il faut aussi
ne rien négliger de ce qui peut tendre les ressorts
de l'âme. Après s'être laissé ravir à l'harmonie de
Virgile, Michelet avait dû s'arracher à cet enchan-
tement, pour écouter les accents plus mâles de
Rousseau. Ainsi, mes amis, après avoir vécu dans
un long commerce avec tous les nobles et purs
artistes, qui resteront à jamais nos modèles classi-
ques, il vous faudra aussi apprendre à connaître
ceux qui, comme nos grands et généreux esprits du
XVIIIe siècle, vous parleront de justice, de progrès

et de liberté ; il vous faudra aller à ceux qui vous feront forts et énergiques, qui vous donneront des ressources et du courage pour accomplir l'œuvre qui vous est réservée.

Nos admirons les efforts du peintre, du sculpteur, travaillant à réaliser l'idéal qu'il a conçu, l'œuvre qu'il a rêvée. Les obstacles se dressent de toutes parts devant lui, aucune souffrance ne lui est épargnée ; la matière rebelle résiste à sa pensée ; il est raillé, méconnu, attaqué ; il n'en poursuit pas moins avec une invincible ardeur la tâche entreprise. Quelquefois, il meurt à la peine ; mais son idée n'est pas morte avec lui, et d'autres, reprenant son travail acharné, la réaliseront et la feront triompher. Il faudrait ainsi que chacun de vous choisît pour sa vie un idéal et le poursuivît avec la même constance. Tous, mes amis, quel que soit le sort qui vous attend, quelle que soit la carrière que vous aurez à parcourir, vous aurez une œuvre à accomplir : apportez-y la même ardeur, la même opiniâtreté.

Enfin, au-dessus de cette œuvre qui sera propre à chacun de vous, il en est une autre plus haute, à laquelle vous serez appelés à concourir tous ensemble : c'est la grande œuvre du progrès et de la justice. Bien des conquêtes ont été faites ; il en reste encore beaucoup à faire. Il semble même qu'en ce moment ceux qui, au premier souffle de la liberté retrouvée, avaient entrevu pour notre pays le plus brillant avenir, éprouvent quelque inquiétude ou quelque découragement. Des difficultés imprévues les ont empêchés d'accomplir tout le bien qu'ils avaient voulu, et n'espérant plus y arriver eux-mêmes, ils se tournent vers les générations qui s'élèvent. La Patrie et la République ont mis sur vous, mes amis, de grandes espérances : vous le sentez à l'amour, à la sollicitude dont vous êtes entourés. Apprenez donc à vouloir, apprenez à agir pour vous montrer dignes de la tâche qui vous attend ; allez dans cette voie du progrès avec cette vaillance, cette foi en la justice, cette sympathie pour les faibles et les malheureux que je vous ai montrées dans Michelet, et, comme lui, à cet amour qui veille sur vous, à ces espérances qui reposent sur vos têtes, prenez la résolution de répondre par de persévérants efforts de réflexion et de volonté.

Reims. — Imp. Indép. Rémoise. — J. Justinart

www.ingramcontent.com/pod-product-compliance
Lightning Source LLC
LaVergne TN
LVHW010816180726
843502LV00009B/3363